AF496401

SAINT-BRIEUC

LES POISSONNIERS

Leur Quintaine
Leur Roi

A. ANNE DUPORTAL
Membre de l'Association Bretonne et de la Société Archéologique d'Ille-et-Vilaine
Vice-Président de la Société d'Emulation des Côtes-du-Nord

Extrait des Mémoires de l'Association Bretonne
Session de Lamballe

SAINT-BRIEUC
IMPRIMERIE-LIBRAIRIE-LITHOGRAPHIE RENÉ PRUD'HOMME
1908

SAINT-BRIEUC

LES POISSONNIERS

Leur Quintaine
Leur Roi

A. ANNE DUPORTAL

Membre de l'Association Bretonne et de la Société Archéologique d'Ille-et-Vilaine
Vice-Président de la Société d'Emulation des Côtes-du-Nord

Extrait des Mémoires de l'Association Bretonne
Session de Lamballe

SAINT-BRIEUC
IMPRIMERIE-LIBRAIRIE-LITHOGRAPHIE RENÉ PRUD'HOMME

1908

SAINT-BRIEUC

LES POISSONNIERS

Leur Quintaine.

Leur Roi.

L'évêque de Saint-Brieuc, comme tous les évêques avant la Révolution, possédait, en même temps que le pouvoir spirituel sur toutes les paroisses qui constituaient son évêché, un domaine temporel qui, en lui assurant l'indépendance matérielle, contribuait ainsi à augmenter son autorité morale.

Ce domaine, limité à l'Ouest et à l'Est par les deux petites rivières de Gouët et l'Urne, et dit « de Turnegouët » par abréviation, s'étendait au Nord, en suivant la côte, de Plérin à Hillion.

« Aux cinq paroisses scavoir : Saint-Michel, Trégueux, Langueux, Ploufragan, dans toute leur étendue... et en la plus grande partie de celle de Cesson, scavoir, au costé qui joint aux paroisses de Saint-Michel et Trégueux jusqu'au chemin qui conduit de l'église paroissiale de Saint-Michel au bourg de Hillion et autre chemin qui conduit de la Tour de Cesson à Créhac et au bas de la grève, et sur quelques maisons et villages situés aux paroisses de La Méaugon, Trémuzon et Plérin (1). »

(1) Aveu rendu au roi par Mgr de Coëtlogon, le 24 novembre 1690. Arch. Départementales des Côtes-du-Nord, S[ie] G. Anc. Cote A.

N. — Nous aurons encore souvent recours dans la suite à cet aveu. Lorsque le cas se présentera, nous nous contenterons de l'indiquer, afin d'éviter la longueur des notes, par la simple mention « Aveu de 1690 ».

Ce territoire constituait ce qu'on appelait vulgairement « le Fief de l'Evesque » avec tous ses droits féodaux et de juridiction haute, moyenne et basse, qui lui permettaient de s'appeler Seigneur et Comte de Saint-Brieuc.

Le tribunal chargé de rendre la justice aux vassaux de l'évêque ou Cour des Regaires était composé d'un Sénéchal, d'un Alloué, d'un Lieutenant, d'un Procureur fiscal, d'un Greffier et d'un certain nombre de Procureurs et de Notaires.

Voici quels étaient vers 1690, époque à laquelle nous empruntons plus particulièrement les éléments de notre travail, les noms des magistrats qui occupaient ces fonctions :

Sénéchal : Maître André-Joseph-Pierre Greffier, Sr du Boislaunay.

Alloué : Maître Antoine Le Normant, Sr des Salles.

Lieutenant :

Procureur fiscal : Maître Pierre Pommeret, Sr des Hayes.

Substitut du Procureur fiscal : Maître Yves Salomon Compadre, Avocat en la Cour.

Greffier : Maître Jacques Le Mesle.

Notaires et Procureurs : N. h. François Chapedelaine, Sr de Clicanne, et Maître Amaury Collin, Sr de Preneuf.

Sergents : Alain Guillou, François Charpentier, Cardin Du Jardin, Sr de la Villeguyomar.

Fermier du revenu temporel et Receveur des amendes : Maître Jan Jouannin.

Ce droit de haute justice était affirmé par les quatre posts ou piliers de pierres du gibet élevés « sur un costeau proche la ville en la paroisse de Saint-Michel, appellée la Coste au gibet, joignant au chemin qui conduit de la rue de Gouët à Plérin, » en traversant le gué aujourd'hui remplacé par un pont, et dont la vue servait de leçon et d'avertissement aux coureurs de grands chemins et aux grands coupables.

Mais, en outre de cette police qui protégeait la vie et les biens des vassaux en arrêtant, jugeant, condamnant et, au besoin, pendant haut et court les malandrins, assassins, coupeurs de bourse, etc., il en était une autre, d'allure moins cruelle, ne se préoccupant point des crimes, mais simplement des délits, qui ne demandait point la mort du pécheur, et se contentait de s'en prendre à sa bourse en infligeant des amendes aux délinquants, ce que l'on pourrait appeler la police municipale.

L'évêque attachait à ses droits de juridiction une extrême importance. Il voulait être seul maître dans son fief. Il prétendait avoir seul le devoir de s'occuper de l'administration de ses vassaux, de veiller à leur santé morale par la surveillance des mœurs, aussi bien qu'à leur santé physique en s'occupant de la propreté et de la salubrité des rues et des égouts, en même temps qu'il s'efforçait de leur rendre la vie matérielle facile en les défendant contre les prétentions exagérées et la rapacité des marchands de denrées de première nécessité dont il n'hésitait pas, au besoin, comme nous le verrons bientôt, à limiter les gains.

Il n'entendait pas que le roi lui-même vînt essayer d'empiéter sur ses droits dans sa ville épiscopale et, lorsque la juridiction royale du Goëllo, siégeant d'abord à Lanvollon, voulut venir, en 1579, s'établir à Saint-Brieuc, il résista de toutes ses forces et il ne fallut pas moins, pour le décider à céder, que les habitants, qui désiraient vivement ce rétablissement (1), reconnussent formellement tous ses droits et se déclarassent ses fidèles et obéissants sujets, toujours soumis à son autorité.

Pour arriver à un accord, les négociations furent longues et difficiles entre l'évêque et les Bourgeois représentés par un des leurs, Maître Ollivier Le Pape, que, par procuration en date du 24 novembre 1579, ils avaient chargé de la défense de leurs intérêts.

Cette procuration que MM. de Geslin et de Barthélemy ont seulement mentionnée dans leurs *Evêchés de Bretagne*, t. II, p. 127, sans en donner le texte, nous ne saurions résister au désir de la reproduire in-extenso, parce que nous la considérons comme une pièce très curieuse et très intéressante pour l'histoire de Saint-Brieuc, en ce qu'elle nous donne un aperçu de la vie municipale à la fin du XVIe siècle, de ce qu'était l'Assemblée qui dirigeait l'administration, des coutumes qui

(1) Nous disons rétablissement, parce que, une première fois déjà, quatorze ans auparavant, en vertu d'un édit de 1565, la juridiction royale avait été établie à Saint-Brieuc, en union avec celle de Cesson, mais avait dû, sur les réclamations des habitants, retourner à Lanvollon.

présidaient à sa formation et réglaient ses délibérations. Elle nous offre, en outre, cet intérêt plus particulier qu'elle nous fait connaître le nom des habitants qui composaient cette assemblée, gens notables qui, par leur intelligence, leur honorabilité, leur fortune, leur haute situation commerciale, représentaient l'élite de la population et de la bourgeoisie, dont les familles ont continué pendant de longues années à contribuer à la prospérité de la ville et à la gestion de ses affaires, quelques-unes ayant encore des représentants à Saint-Brieuc ou dans ses environs où ils se sont succédés jusqu'à nos jours avec des fortunes diverses.

« Au post commun de la Grand'Messe du mardy vingt quatriesme de ce mois de novembre l'an mil cinq cent soixante dix neuf, fait et célébré à haute voix par Missire Jan Le Savouroux, vicaire de l'église paroissialle de Saint-Michel ou il y avoit grande congrégation de bourgois, manants et habitants de cette ville de Saint-Brieuc et paroissiens de laditte ville et paroisse pour ouir le service divin, traiter et disposer de négoce et affaires des dittes ville et paroisse en manière acoutumée et.... entre autres y etoit présant noble et honorable Ollivier Guyto, sieur de la Brousse, procureur sindic des dittes ville et paroisse, Toussaint Gicquel, sieur de la Villeberno, Jan Damar, sieur de l'Abraham, Jean Des Bois, sieur de la Tuilaye, Maître Jean Bagot, sieur des Salles, Guillaume Le Masson, sieur de Mauchamp, Jacques Ruflet, sieur de la Pigonière, Jean Rufelet, l'oncle, Jean Paboul, Mathurin Jouaire, Michel Le Branchu, sieur des Rues, Olivier Rouxel, sieur du Vaujudaye, Laurent Havart, Robert Havart, Mathurin Borel, François Compadre, Jacques Michel, Bertrand Le Hardis, Jean Côme Antoine Cauret, Pierre Dujardin, sieur de la Perrière, Jacques Rufelet Gueveran, Jean Hervé, Jacques Gicquel, Jean Compadre, Noël Cabareth, François Couessurel, Vincent Coquet, Guillaume Pradon, Jean Jallo, Jean Lenormant, Missire Jean Le Savouroux, curé de la ditte paroisse, Pierre Le Page, sieur de la Motte, Jean Macé, Jean Bedel, Jean Le Ribot et plusieurs autres, tous bourgois et paroissiens, après avoir murement confféré et communiqué touchant le fait du rétablissement du siège et exercice de la Cour royalle de Saint-Brieuc ont, en forme de corps politique, que faisant pour eux et le général des dittes ville et paroisse, tous de commune voix, sans contradiction d'aucuns, nommée, constituée et établie et, par ce, font à leurs procureurs généraux, spéciaux, irrévocable Maître Ollivier Lepape dudit Saint-Brieuc... au pouvoir exprès, mandement spécial... ont donné par celle à leur dit procureur... de comparoir au privé Conseil du Roy, même en la Cour du Parlement de ce pays... et illec déclarer vers Révérend Père en Dieu, M[ire] Nicolas Langelier, Evêque de Saint-Brieuc... qu'ils n'entendent aucunement préjudicier aux droits et authorités dudit sieur Evêque, ains qu'ils lui veullent demeurer tres humble et obéissant sujet, que la suite qu'ils font pour l'exercice de la ditte Cour royalle... audit Saint-Brieuc, n'est pas autre chose que pour conserver un bien gratuit fait à laditte ville par le Roy par l'édit des unions et rétablissement de juridiction royalle qui ont été étably pour la commodité des sujets et sureté de la justice... et, en outre, à promettre et déclarer audit Sieur Evêque que, pour le mettre hors d'interets, d'autant qu'il se plaindroit que son Auditoire et prison sont occupés par laditte juridiction royal, faire offre, au nom desdits habitants, de faire bâtir et construire à leurs propres frais et dépens des prison et Auditoire pour laditte Cour royale... tout ce que ledit Lepape ou l'un d'eux vera estre bon à faire.

« Copie faite l'an 1657, 12 avril, sur l'original, par les nottaires garde nottes du Roy notre Sire au Châtelet, de cette procuration estant au registre dudit Bergeron, en la poscession de Jan Le Caron, subrogé à la pratique dudit Bergeron, signé Le Caron.

Vérifié par les notaires royal et des Regaires :... Marie, notaire second, Conan, N[re] R[l] et des Regaires et enregistré par Querangal, ladite copie présentée par François Tizon de Grande Rue, Proc[r] fiscal de la juridiction des Reg., le 26 mai 1672 (1). »

A la suite de l'entrevue et des pourparlers entre Mgr Langelier et Maître Ollivier Lepape, l'entente se fit complète ; un acte fut signé « fait et passé double... en l'hothel dudit sieur Esvêque de Saint-Brieuc, cise à Paris, rue Bardubec, avant

(1) Arch. Dép[les] des C.-du-N., s[ie] G., (ancienne cote A, 797).

midy le samedy mil cinq cents quatre vingt » et signé N. Langelier, Ev. de Saint-Brieuc, Lepape, Méheut et Bergeron, dans lequel il est dit « premièrement, que l'établissement qui se fera de laditte justice de Gouelo en laditte ville de Saint-Brieuc sera, par souffrance et tolérance dudit sieur Evêque, sans ce que par icelle soit préjudicié aux droits dudit Evêché et des successeurs évesques en icelluy... que ledit sieur évêque de Saint-Brieuc sera aussy reconnu avoir seul tous droits de pollice et gouvernement de laditte ville de Saint-Brieuc et ressort d'icelle auxquels droits Il et ses Officiers seront conservés sans que les officiers de laditte justice de Gouelo s'en puissent entremetre en quelque sorte ny pour quelqu'occasion que ce soit, etc., etc.

« Moyennant lesquels articles cy-dessus et non autrement ledit seigneur Evêque... consent et accorde l'établissement de laditte justice royale du ressort de Goëllo en la ditte ville de Saint-Brieuc. »

Nous avons dit précédemment que l'évêque tenait tout particulièrement à ses droits de police dans sa ville épiscopale, parce qu'il prétendait être seul à y avoir charge d'âmes et, que si, seul il avait le devoir de veiller aux intérêts religieux de ses ouailles, à lui seul, aussi, incombait le devoir de s'occuper de leurs besoins matériels.

« Déclare ledit Seigneur Evesque, comme seul seigneur et supérieur en ladite ville de Saint-Brieuc... avoir seul droit d'y faire la police... tant pour le prix du pain, vin, chaire, poisson... que pour toutes choses concernant le bien public, et pour cet effet peut établir et pourvoir aux offices cy-après (1). »

Des ordonnances réglementaient le commerce des blés, du pain, de la viande, du poisson, de toutes les denrées servant à l'alimentation publique (2), et parmi les officiers à nommer pour pourvoir à la bonne exécution de ces ordonnances, il y en avait deux portant le titre de Roi, le Roi des boulangers et le Roi des poissonniers.

(1) Aveu de 1690, art. 32.

(2) Règlement de police du 10 janvier 1578 (Arch. des C.-du-N.), publié par M. Tempier, archiviste, dans la *Revue des Archives historiques des Côtes-du-Nord*, 1884).

C'est de ces derniers, les poissonniers seuls, que nous avons à nous occuper ici.

Les poissonniers avaient des privilèges importants. Comme les inscrits maritimes actuels, seuls ils avaient le droit de pêcher le poisson dans la baie, seuls aussi ils pouvaient le porter et le mettre en vente dans la ville et approvisionner le marché. En revanche, ils avaient des obligations que nous connaîtrons peu à peu.

La première de toutes était d'apporter aussitôt leur entrée en ville, sous peine d'amende et de confiscation de leur poisson, tout le produit de leur pêche au manoir épiscopal (1). Là, ils ouvraient leurs paniers devant le Maître d'hôtel de l'Evêque (2), qui regardait, examinait, et, s'il avait besoin de poisson et qu'il trouvât quelque pièce à sa convenance, la faisait porter à la cuisine. Non point qu'il s'en emparât sans payer. L'évêque avait seulement le droit du choix, mais il payait comme les autres habitants. Le prix était débattu. « On demandait le prix qu'ils veulent et, si celui qu'on leur offre ne leur convient pas, ils l'emportent et le vendent ailleurs comme bon leur semble. »

(1) Le seigneur de Pordic avait sur les pêcheurs vassaux de sa seigneurie des droits semblables : « Droit de poischerie en la mer et sur la grève tout le long et au vis de la coste dudit Pordic ce qui se découvre par les plus grandes marées à prendre depuis ladite riviere de Binic et conduire jusqu'en l'abbaye des Rozayes (la baie des Rozayes ou du Rosaire) autrement Cameré, sans qu'aucuns autres y puissent faire poischerie sans le consentement dudit seigneur, ses Receveurs ou commis, lequel a droit de tenir papier et déal pour enregistrer et enrôler les noms des poischeurs qui voudront pescher du poisson au vis de ladite coste, lesquels pour cet effect doivent chascun quinse solz monnoye à ladite seigneurie par chascun an et l'enrollement de leurs noms estre fait au jour de Sainte-Croix, au mois de may, ou ledit seigneur, ses fermiers ou commis fait l'enrollement et pour ce signe fait mettre une serviette au bout d'une gaulle sur le rocher appellé Pierre Huy, proche la mer et là, faire porter un pot de vin pour ceux qui s'enrollent et ne peuvent lesdits poischeurs vendre ny destribuer leur poisson sans en donner advis et faire offre audit seigneur, ses officiers ou commis qui doivent payer le poisson au prix qu'il sera limité par un tanteur que ledit seigneur a droit d'établir. » Aveu rendu au roi le 2 août 1672 par n. et p. M[tre] Charles-François Dandigné, chevalier, seigneur marquis de Vesins, baron des baronnies de Pordic... Arch. Dép[les] des C.-du-N., E, 2502.

(2) En 1690, le Maître d'hôtel de l'Evêque était N. h. Charles Lochey, ou Lochez, marié en octobre 1695 à demoiselle Marie Manoir, puis le 29 septembre 1699 à demoiselle Jeanne Bedel, qui avait remplacé N. h. Claude Royer, époux de Espérance Moussu.

Cette obligation remplie, que le Maître d'hôtel du seigneur évêque eût fait sa provision ou non, les poissonniers remballaient leur marchandise et se rendaient directement sur la place du Martray où deux fois par semaine, les mercredi et samedi, se tenait le marché « et non ailleurs à peine de soixante sols d'amende » attendu qu'il leur était interdit de vendre leur poisson ailleurs « que au lieu publicq, sans en porter aux cabarets, hostelleries ou maisons particulières sous peine de six liards pour la première fois, le double pour la seconde, le quadruple pour la tierce, et continuant la punition corporelle par le Roy (1). »

Cette interdiction si durement réprimée avait, au moins, deux raisons d'être. La première, raison fiscale dans l'intérêt de l'évêque qui, sans cela, eût perdu le revenu des droits de place ; la seconde, dans l'intérêt des habitants peu fortunés qui n'eussent trouvé pour leur consommation que le rebut de la pêche, ou eussent été obligés de payer beaucoup plus cher à des revendeurs.

Ces deux raisons ont toujours la même force, puisque cette défense est encore appliquée de nos jours, par la municipalité de Saint-Brieuc (2), comme du reste, par celle de presque toutes les villes. C'était, en outre, l'intérêt des poissonniers eux-mêmes qui, profitant du plus grand nombre d'acheteurs et de la concurrence, trouvaient à vendre plus facilement et plus avantageusement leur poisson.

Cependant, à un certain moment, les poissonniers ne semblent pas avoir apprécié autant qu'il le méritait cet avantage et refusaient de venir au marché.

La cause en était qu'ils n'y avaient pas toujours affaire à des acheteurs loyaux et consciencieux. Certaines gens venaient se promener au marché, choisissaient ce qui leur convenait, puis, sans s'inquiéter de convenir du prix, faisaient porter leur emplette chez eux. Plus tard, quand le vendeur trouvait

(1) Procès-verbal d'élection de 1607 (*Evêchés de Saint-Brieuc*, par MM. de Geslin et de Barthélemy, t. I, p. 98, note.)

(2) « Il est défendu de vendre ou d'acheter des denrées ou marchandises quelconques, en d'autres lieux qu'aux marchés qui leur sont affectés, notamment dans les rues de la ville, sur les chemins et l'entrée des faubourgs. » Règlement de police de Saint-Brieuc, art. 264.

le crédit assez élevé et la note assez grosse et qu'il se présentait pour se faire payer, l'acheteur ne voulait point admettre le prix qu'on lui demandait, discutait, rognait, et finalement le poissonnier qui ne pouvait plus reprendre sa marchandise, s'en allait maugréant avec ce qu'on voulait bien lui donner. Cela devint si grave que l'évêque s'en préoccupa, qu'il dût prendre des mesures pour faire cesser cet abus, et c'est dans ce but qu'il introduisit dans son règlement de police de 1578, l'article XXXI ainsi conçu :

« Pour ce que les poissonniers reffusent venir à la ville par déffault, comme ils disent, de leur tenir justice et police, et que lesdits poissonniers vendent et détaillent leur poisson par les tavernes et maisons des bourgeois, est ordonné à touts mannants et habittants de la ville de convenir de pris avec lesd. poissonniers et poier la marchandise sur le lieu, auparavant l'emporter, en deffandant très expressément ausdicts habittans que, soubs coulleur qu'ils disent que leurs personne et domicille sont congneus desd. poissonniers, de n'enlever aucun poisson ny l'emporter en leur maison, sans premièrement avoir convenu de pris avec lesd. poissonniers ou avoir faict taxer led. poisson par le roy des pouessonniers et satisfeict ausd. marchants, sur paine de soixante souls d'amande, sans touttefoys que la présente ordonnance puisse en rien préjudicier au previllaige du seigneur de ceste court qu'il a sur les poissonniers pour sa provision nécessaire de poisson exposé en vente en lad. ville et usera de son dict previllège comme il a faict, il et ses prédécesseurs au passé ; est prohibé aulx poissonniers, depuis qu'ils seront entrés en la juridiction, de non vendre leur poisson ailleurs que au marché sur paroille paine. »

Arrivés sur la place du Martray, c'est sur la voie publique, car il n'y avait alors de Halle ou de Cohue fermée que pour les bouchers, les marchands de drap et toiles, et les cordonniers, qu'après avoir payé au Receveur de l'Evêque « le devoir et coustume levé sur eux à raison d'un liart pour chaque pannier et dix-huit deniers pour ceux qui sont sur les estaux et de deux liarts pour chaque charge de cheval, ce qui double aux jours de foires (1), » les poissonniers offrent aux chalands leur

(1) Aveu de 1690, art. 39.

marchandise, qui dans les paniers dans lesquels ils l'ont apportée, les autres, les plus riches, sur des étaux.

Aujourd'hui, sur ce même emplacement où ils étaient exposés à toutes les intempéries, s'élève pour eux une halle confortable, grande, aux tables de marbre bien lavées, où ils sont à l'abri de la pluie et dans laquelle ils se trouveraient fort bien, si les quatre portes, placées en face l'une de l'autre, ne rendaient l'accès trop facile à tous les vents qui, des quatre points cardinaux, viennent s'y livrer en toute liberté à leurs ébats, au grand ennui des acheteurs.

Autrefois, les gens tenaient moins à leurs aises que de nos jours. Le spectacle ne manquait point de pittoresque et, en regardant ce qui se passe encore aujourd'hui et l'installation rudimentaire des marchandes de la campagne qui viennent, deux fois par semaine, apporter leurs légumes, leurs carottes, leurs pommes de terre, etc., on peut se faire une idée de celui que devait présenter le marché du Martray.

Accroupis sur leurs talons devant leur poisson étalé sur de la paille, ou assis sur des escabeaux auprès de leurs paniers, ou debout derrière leurs étaux, poissonniers et poissonnières, quelque temps qu'il fît, bravant la pluie et les vents, attendaient patiemment ou provoquaient les demandes des acheteurs.

Sur les belles tables de marbre bien polies et bien luisantes de la nouvelle halle le poisson n'est pas toujours abondant, les beaux morceaux sont rares. Paris l'insatiable a fait son choix, il a pris à bon compte ce qui lui a convenu, ne laissant pour les habitants que ce dont il n'a pas voulu, et qu'il leur faudra cependant payer très cher.

Au marché du Martray, il n'en était pas ainsi. La difficulté des communications et des transports ne permettant pas l'exportation, le produit de la pêche tout entier s'y étalait.

Sans doute, tout n'était pas merveilleux. A côté du large turbot, de la sole épaisse, du bar, du mulet, et de cet excellent saumon qui se faisait prendre dans la rivière du Gouët et, si abondant alors, qu'il servait à la nourriture du pauvre et qu'on le trouvait assez payé au prix de deux sous la livre — *quantum mutatus* — il y avait le fretin, car il en fallait pour toutes les bourses, les petites aussi bien que les grosses, et tout cela à un prix raisonnable.

Nous disons que tout cela était vendu à un prix raisonnable. C'est que, en effet, la vente n'était pas absolument libre. Les marchés étaient établis dans l'intérêt général, et on ne pouvait laisser à quelques-uns le droit, sous prétexte de gros temps, de mauvaise pêche ou toute autre raison plus ou moins valable, de s'entendre et de se coaliser pour produire une hausse exagérée et affamer une population. On avait donc cru devoir établir un maximum.

Qu'on ne se laisse point effrayer par ce grand mot et qu'on ne crie point tout d'abord à la tyrannie. Ce maximum existe toujours, au moins en ce qui concerne le prix du pain, et personne ne songe à s'en plaindre.

Il y avait en présence deux intérêts très respectables ; celui du vendeur et celui de l'acheteur qu'il s'agissait de sauvegarder tous les deux.

Pour ce qui regarde les vendeurs, le maximum ne leur était appliqué que « si le prix du poisson était exhorbitant ». D'autre part, celui qui le fixait était le Roi des poissonniers, le représentant des pêcheurs eux-mêmes, celui qu'ils avaient librement choisi, poissonnier comme eux, et qui, par conséquent, devait être peu disposé à l'abaisser à un taux insuffisant.

Quant aux consommateurs, il était nécessaire que le prix d'une denrée qui devait faire la base de la nourriture d'une grande partie de la population, et particulièrement de la population pauvre, à cette époque surtout où l'on obéissait strictement aux Commandements de l'Eglise et que l'on observait rigoureusement les deux jours d'abstinence par semaine, les quarante jours de carême, sans compter les vigiles, les quatre temps et autres jours de pénitence, ne fût point « exhorbitant et restât à la portée de tous ».

Aussi, lorsque le chiffre avait été fixé, tenait-on la main ferme à l'exécution de la décision du roi des poissonniers et faisait-on payer cher au contrevenant son refus de s'y soumettre. En revanche, si la police de l'évêque imposait des limites aux gains des pêcheurs afin de les empêcher de pressurer les habitants, nous avons vu qu'elle n'hésitait pas à intervenir en leur faveur lorsque ceux-ci leur causaient un préjudice.

Revenons à notre marché. Il est huit heures et demie. Déjà la riche bourgeoise accompagnée de sa servante, après avoir fait son choix et terminé ses achats, est rentrée chez elle ; la place se dégarnit ; il ne reste plus autour des vendeurs que la ménagère économe, cherchant à bon marché la nourriture de sa nombreuse famille, allant d'un panier à un étal, d'un étal à un panier, trouvant tout trop cher, débattant les prix, sans pouvoir se décider, et les pauvres ouvriers attendant jusqu'à la fin pour avoir à moindres frais le menu fretin, les coquillages et ce que les poissonniers ne voudront pas remporter.

Mais l'aiguille de l'horloge de la Cathédrale va bientôt marquer neuf heures ; la population a eu tout le temps qu'il lui fallait pour faire ses approvisionnements, et voici une nouvelle catégorie de clients à qui il est formellement interdit de rien acheter avant ce moment et qui attendent avec impatience que la cloche ait fait entendre ses neuf coups. Ce sont les « hosteliers, aubergistes, taverniers, regrattiers, » contre lesquels on a dû prendre cette précaution afin que ces personnages ne vinssent, par spéculation, accaparer tout le poisson, enlever les belles pièces, pour les revendre ensuite au détail au public à des prix « exhorbitants ».

La précaution n'était point inutile, elle était, au contraire, fort sage (1) et l'aventure arrivée à Maître de la Fontaine, le 9 mars 1690, nous en fournit la preuve.

Au commencement de la rue Saint-François (aujourd'hui rue de Rohan) et faisant retour sur la rue Saint-Gilles, s'élevait une antique et curieuse demeure, disparue depuis deux ans seulement, appelée, au moins dès le XVIIe siècle, l'Hôtel de Rohan.

(1) Elle était si sage que nous la retrouvons au Règlement de police actuel, art. 266, avec les autres défenses dont nous avons précédemment parlé. « Il est défendu à tous revendeurs de se présenter au marché avant dix heures en toute saison, d'aller, sous aucun prétexte, au devant de ceux qui apportent des denrées ou marchandises, de les retenir, arrher ou acheter sur la voie ou dans tous autres lieux publics.

« Cette défense s'applique aux marchands et revendeurs domiciliés en ville, qui se placeraient soit dans la rue, soit sur le seuil de leur porte, dans le but de leur acheter leur marchandise. »

Cet hôtel qui, à la fin du XVIIe siècle, appartenait à la famille Rouxel, sr de Kerfichard et de Beauvais, quelle qu'ait été l'importance des personnages qui l'avaient construit et qu'il avait abrités autrefois, était alors, sauf les deux étages donnant sur la rue Saint-Gilles occupés par les propriétaires, transformé en hôtellerie et, au-dessus de sa porte à la gracieuse accolade fleuronnée, se balançait une enseigne sur laquelle étaient peintes les armoiries de la grande famille dont il portait le nom et qui en indiquait l'entrée. L'hôtelier (1) s'appelait alors Maître Nicolas De la Fontaine. Ce Nicolas était précisément, ainsi que nous allons le voir, par le procès-verbal qui fut dressé contre lui, un de ces accapareurs sans vergogne qui n'hésitaient point à violer tous les règlements quand il y avait des bénéfices à en tirer et contre lesquels s'élevaient les plaintes de la foule.

Ce jour-là donc, 9 mars 1690, le Sénéchal des Regaires, Maître Pierre Greffier, nous fait savoir « qu'estant en son logis différents particuliers habitans de cette ville se sont venus plaindre que les hostes tenant hauberge dévastent les poissonniers... et mesme agètent grande quantité de poisson et, ainsi que Jacquette Nicolas, revendeuse, l'atteste, plusieurs saumons et autres poissons et ne les exposent en vente que à proportion et pour les vendre plus chers, en sorte que cela est à l'oppression du publicq et notamment que ce jour La Fontaine, hoste demeurant en l'hostelerie ou pend pour enseigne l'Hostel de Rohan, s'est muny de plusieurs saumons qu'il débite par tronce à tous particuliers à un prix excessif, ce qui est cy vrai que Charles Crochu et Marguerite Lhoisel en ont achepté chacun une tronce qui lui a couté dix sols chaque. »

(1) Au XVIIe siècle, vivent à Saint-Brieuc quelques personnes du nom de La Fontaine, tels que François, époux de Marie Legal, en 1612 et 1617, et plusieurs femmes qui y vivent et y meurent. Maître Nicolas appartenait-il à cette famille et était-il originaire de la ville ? Nous l'ignorons, car nous ne connaissons pas sa filiation. Tout ce que nous savons de lui, c'est qu'il était l'époux de Perrine Gautret ou de Gaultret dont, du 3 août 1676 au 21 décembre 1684, il avait eu sept enfants. Peu de temps après 1690, soit qu'il eût fait fortune, soit qu'il eût été dégouté du métier par son aventure, il se retira des affaires et abandonna l'hôtel de Rohan à Maître Jan De la Porte, que nous y trouvons en 1702, et quitta Saint-Brieuc pour aller habiter « une autre province » où il mourut le 21 juin 1728.

« A quoy voulant remédier pour le bien et utilité du publicq, » le Sénéchal, accompagné du Substitut du Procureur fiscal et de son greffier, se rend avec eux à « l'hostelerie ou pend pour enseigne l'Hôtel de Rohan » et y ayant trouvé le susdit La Fontaine, lui demande « s'il n'est pas vray qu'il a vendu des tronces de saumon à différents particuliers à dix sols chaque tronce. »

La Fontaine répond qu'il ne sait pas ce qu'on lui veut, qu'il n'a rien vendu, que cela ne le regarde point, qu'il ignore même s'il y a du saumon à la maison et ce que sa femme a pu faire. Qu'on s'adresse à elle si l'on veut. C'est ce que fait le sénéchal, mais interrogée, Perrine Gaultret, la demoiselle La Fontaine, nie à son tour, comme son mari.

On cherche, on fouille, mais les précautions étaient bien prises, ou bien tout avait été vendu, et la perquisition ne semble avoir donné aucun résultat. Toutefois, comme La Fontaine était vraisemblablement coutumier du fait, et que les témoignages avaient été d'autant plus accablants pour lui que Jacquette Nicolas, la plaignante, se trouvait malheureusement être la femme de Maître Alain Des Sales, un des plus riches et des plus importants des poissonniers, et qui, quelques années plus tard, en 1698, allait en devenir le Roi, il fut déclaré bien convaincu « d'avoir vendu du saumon en détail à un prix excessif » et condamné à payer 30 sols seulement pour cette fois, mais avec avis que, en cas de récidive, l'amende serait élevée à la somme considérable de 50 livres.

En outre, il fut défendu « aux poissonniers qui vendent du saumon de le vendre plus de deux sols la livre pendant le présent caresme, ny de refuser à aucuns de le détailler à la livre sur les peines qui y eschoient. »

Les poissonniers étaient-ils organisés en corporation ainsi que la plupart des corps de métiers ? Nous ne le croyons point. Ils ne figurent point, en effet, comme les boulangers, les bouchers et autres métiers de l'alimentation, parmi celles que signalent MM. de Geslin et de Barthelemy (1) et dont ils donnent les armoiries. Ils n'avaient point de statuts établis par eux, point d'assemblées ni de lieux de réunions comme les

(1) *Evêchés de Bretagne*, t. II, p. 99.

Bourgeois dans la Chapelle Saint-Gilles, les marchands dans la Chapelle Saint-Pierre, pour les discuter et délibérer sur leurs affaires. Ils ne semblent même point former une Confrairie et nous ne leur connaissons aucun Saint patron, sous la bannière duquel ils vinssent se ranger et dont ils célébrassent la fête.

Quoiqu'ils eussent un Commissaire ou Roi qu'ils élisaient et auquel ils devaient obéir, ce n'était, par le fait, qu'un groupement obligatoire de tous les poissonniers réunis par un règlement imposé par l'évêque et dont le Roi n'était que l'application.

Ce règlement leur accordait des droits et des privilèges, mais aussi leur imposait des devoirs.

Seuls ils avaient le droit de pêche dans la baie, le long du rivage dépendant du fief de l'évêque, seuls ils avaient le droit d'apporter leur poisson en ville et d'approvisionner le marché. Mais pour que ces droits eussent toute leur valeur, il fallait qu'ils fussent exercés en toute liberté, qu'aucune mauvaise volonté ne vînt y apporter des entraves et il était nécessaire qu'il y eût quelqu'un chargé de faire respecter les intérêts des poissonniers et au besoin d'en prendre la défense, et c'est dans ce but que l'évêque leur en accorde un troisième, celui de nommer un Roi qui aura tout spécialement mission d'y veiller et de porter, s'il est besoin, leurs doléances devant la Cour de police des Régaires.

Quant aux devoirs, en outre de celui qu'ils devaient aux habitants de ne pas les exploiter et leur faire payer leur nourriture trop cher, ils en avaient de particuliers envers l'évêque en échange de leurs prérogatives.

Nous connaissons déjà le Devoir de Coutume consistant dans le paiement des droits de place au Marché et celui de porter leur poisson à choisir au Maître d'Hôtel de l'évêque avant de le mettre en vente. Mais à côté de ceux-ci, le Seigneur évêque en avait d'autres sur ses vasseaux, de nature particulière, et dont nous citerons deux, celui de grenouillage et celui de la quintaine des poissonniers.

Peu importants au point de vue fiscal, quoiqu'ils pussent s'y rattacher par les amendes qu'on pouvait encourir en ne les remplissant pas, ils semblaient avoir été créés, tout en gardant leur caractère principal d'hommage et de vassalité, comme tant d'autres qui semblent si extraordinaires aujourd'hui, par exem-

ple de présenter au jour de Noël au seigneur un œuf attaché sur une charrette traînée par quatre bœufs, plutôt à titre de fête joyeuse et pour l'amusement, peut-être pas de ceux qui y étaient soumis, mais de la population qui assistait à leur accomplissement.

Ce devoir de grenouillage duquel nous ne parlerons qu'incidemment parce qu'il n'était point supporté par les poissonniers, qui a tant fait crier, que l'on reprochait aux Seigneurs comme un acte de tyrannie, dégradant pour leurs vassaux, qu'on semblait regarder comme habituel et général, que Pitre-Chevalier dramatise en nous montrant, dans une des vignettes de son *Histoire de Bretagne*, une troupe de manants plongés jusqu'aux genoux dans l'eau marécageuse des fossés d'un château, frappant l'eau à tour de bras avec des fléaux et des bâtons, non toutefois « sans rire et guailler à plaisir » nous dit-il, n'était pas si commun puisqu'on n'en connaît que cinq ou six exemples, ni si terrible que les détracteurs du temps passé veulent bien le dire, ainsi qu'on peut en juger par celui dû à l'évêque de Saint-Brieuc, qui est ainsi spécifié : Sont tenus les propriétaires de deux maisons qui furent aux enfants d'Aliette Cohiniac, l'une à présent possédée par les héritiers de feu noble hōme Louis Chapelle, sieur de la Grange et l'autre par les héritiers de feu Messire René Gouéon, vivant seigneur de la Boistardaye, lesdites maisons se joignant, donnante par le devant sur la rue de la Lemenau (l'allée Menau) et au ruisseau de l'Inguoguet d'un costé et, d'autre costé, par derrière, à maison appartenant aux héritiers de feu noble hōme Antoine Quiniart, sieur des Mares, d'aller toutes les vigilles de Saint Jan Baptiste, quérir ledit seigneur Evesque ou son Receveur et le prier d'assister à la servitude qu'ils sont tenus de faire à cause desdites maisons qui est, qu'ayant une bahiette de bois à la main, ils sont tenus de frapper sur led. ruisseau par trois fois et dire : « grenouilles, taizés-vous, laissez Monsieur dormir, ou, au déffaut de ce faire, doivent quinze sols monnoye d'amende audit seigneur évesque ou à son receveur » (1). Ce devoir n'était donc point jugé si dégradant qu'on veut bien le dire, puisque ce ne sont point des manants auxquels il est imposé,

(1) Aveu de 1690. Droit de grenouillage.

mais des gens riches comme noble homme Louis Chapelle, Receveur des Devoirs des Etats et des gens de noblesse, comme le Seigneur de la Boistardaie, messire René Gouëon, qui consentaient à le subir.

Du reste, ainsi qu'on le voit, il était facile de l'éviter, puisqu'il suffisait pour cela de payer 15 sols d'amende. Aussi avait-il promptement disparu de fait et n'existait-il plus que de nom, représenté par le paiement des 15 sols versés chaque année entre les mains du Receveur de l'Evêque.

En ce qui concerne le Devoir de la Quintaine des poissonniers et des cérémonies qui l'accompagnaient, il n'en fut point ainsi. Il n'était point vexatoire, il était amusant, il continua à vivre et ne disparut qu'à la Révolution.

La Quintaine était un jeu d'adresse très apprécié au moyen-âge et qui était souvent imposé comme un devoir pour l'amusement du peuple dans des circonstances joyeuses, par exemple aux jeunes mariés le dimanche qui suivait la noce. On l'appelait le tournoi des roturiers.

C'était, en effet, comme dans ces joutes solennelles et brillantes, mais rares, où les chevaliers armés de toutes pièces faisaient, devant les souverains et en l'honneur de leurs dames réunies pour les applaudir, montre de leur adresse et de leur vaillance en luttant les uns contre les autres, un combat à la lance.

Dans le jeu de la Quintaine, le danger était moindre ; il n'y avait point de risques de mort pour les combattants. L'ennemi contre lequel on luttait n'était point en chair et en os. Il était représenté par un simple poteau arrondi, posé verticalement sur deux tourillons qui, s'il n'avait point d'épée pour se défendre, n'en était pas moins redoutable, car la barre transversale qui le traversait à sa partie supérieure comme deux bras terminés chacun par un bâton, n'était point une arme à dédaigner.

Le jouteur, la longue et forte gaule qui remplaçait pour le roturier la lance des chevaliers bien en arrêt, solidement serrée sous le bras, après avoir pris champ se précipitait au galop de son cheval sur la Quintaine. S'il était adroit, s'il frappait juste et vigoureusement le mannequin au centre, dans l'axe des tourillons, il l'enlevait du coup et l'envoyait à quelques pas mesurer la terre comme un chevalier désarçonné,

Le cas était rare et le plus souvent le coureur manquait le but ou ne le touchait que sur les bords et, alors, on voyait, à la grande joie des assistants, le soliveau tourner vivement sur lui-même et aller caresser de son bâton les côtes de son agresseur maladroit.

La quintaine que devait courir le Roi des poissonniers n'était pas tout à fait cela. C'était bien le même principe, mais on l'avait amendé pour eux afin de la leur rendre plus facile et moins dangereuse, et c'était justice. On n'avait pas affaire alors à de nouveaux mariés, à des hommes jeunes et actifs habitués aux exercices du corps, courant les pardons et les luttes pour y remporter des prix. Le Roi des poissonniers était, au contraire, toujours un homme d'un âge mûr, quelquefois même un vieillard ou un infirme, témoin Allain Des Salles qui, en 1698, déclare « attendu son grand âge ne pouvoir casser à cheval les trois gaules qu'on est obligé de casser à pareil jour et, à cause de sa caducité, supplie de vouloir bien recevoir à les casser Mathurin Lebreton, l'un des poissonniers », et Mathurin Allain, malade et alité, ainsi que le constate un certificat du curé de Plérin, qui obtient aussi de se faire remplacer par Denis Le Mouenne.

Passant la plus grande partie de leur existence dans leurs bateaux, entre le ciel et l'eau, les marins ne montaient point à cheval et si, par hasard, on en rencontrait quelques-uns, c'était, alors, marchant au petit pas, juchés entre deux paniers sur le dos de l'animal qui transportait leur pêche au marché.

Au milieu de la tempête, le roulis et le tangage n'enlevaient rien à leur stabilité, mais cela changeait quand ils avaient à subir le mouvement d'un trotteur auquel il n'étaient point accoutumés, et, si leur main restait ferme et inébranlable lorsqu'elle s'appuyait sur la barre pour maintenir leur barque contre les vents, elle devenait faible et hésitante lorsqu'il s'agissait d'un cheval au galop.

On avait donc réduit les difficultés en supprimant les défenses de l'adversaire. Au lieu d'employer un mannequin mobile pouvant, avec son bâton, se venger trop rudement d'une attaque maladroite, on le remplaça par une simple planche fixe « suffisante et assez forte pour résister aux gaules ». Encore cette planche était-elle quelquefois déclarée, comme en 1702,

« trop mince, n'estante qu'une enlevée de bois épaisse seulement de dix à onze lignes » (0m.025 à 0m.027), ce qui du reste valut à Ollivier Corlay, son fournisseur habituel, une amende de trois livres quatre sols appliquée à la réparation de l'Auditoire.

Le coureur n'avait donc qu'à se précipiter au galop, la lance en arrêt, contre la planche sur laquelle il devait la briser s'il frappait bien d'aplomb.

Le jour où devait se courir la Quintaine était fixé au lundi de Pâques. On ne pouvait, semble-t-il, choisir un jour plus propice pour une fête populaire.

Depuis le Mardi gras, où le Seigneur de l'Epine-Guen, en qualité de Maître d'hôtel de l'Evêque, avait dû fournir aux habitants sur la place du Martray, pour les divertir, « hautbois, musettes et tambourin, avec un jambon », auquel chaque cabaretier joignait un pot de vin ou du breuvage qu'il débitait (1), il s'était passé quarante jours de pénitence pendant lesquels, sauf, peut-être, celui de la mi-carême, il avait fallu faire abstinence complète, non seulement de chair, mais aussi de tous plaisirs. Aussi, lorsque du haut des tours des nombreuses églises et chapelles de la ville la grande voix des cloches se faisait entendre pour annoncer la Résurrection du Sauveur et que le chant joyeux de l'*Alleluia* retentissait au pied des autels, les rigueurs du Carême étaient oubliées, la gaieté reparaissait et chacun était prêt à profiter de toutes les occasions de réjouissance qu'on voudrait bien lui fournir.

Les poissonniers eux-mêmes, acteurs malgré eux dans le divertissement qui se préparait, en songeant aux bénéfices qu'ils ont réalisés en ces semaines d'abstinence pendant lesquels ils ont été les seuls nourrisseurs des habitants, semblent accepter, en général, sans trop de répugnance, leur rôle d'amuseurs.

(1) « En l'an 1722, à l'issue de la grand'messe M. du Fou, seigneur de l'Epine gueu, se rendit en chaise à porteurs à la croix du Martray, où il tint en personne la table du jambon. Il fit aussi danser quelques habitants au son des musettes, hautbois et tambourin, après quoi il reçut de chaque cabaretier, le pot de boisson dont il lui était redevable et du tout il fit dresser acte » (Habasque. Notions historiques... sur le littoral du département des Côtes-du-Nord. T. II. p. 48.)

Dans quelles conditions se rendait ce devoir et quelles cérémonies en accompagnaient l'accomplissement. « Le procès-verbal de 1690 va nous le dire ».

Le lundi de Pâques, 27 mars, à une heure de l'après-midi, Maître Yves Salomon Compadré, Avocat en la Cour, Substitut de Maître Pierre Pommeret, Procureur fiscal absent, se présente devant M. Antoine Le Normand, sieur des Portes, Alloué, assisté de Maître Jacques Le Mesle, son greffier, pour lui « remontrer que Monseigneur l'évesque de cette ville... est de tout temps immémorial en pocession tel jour que aujourd'huy lundy de Pasques, de faire rompre trois gaules de bois d'aunes par le Commissaire des poissonniers nommé d'an en an, sur la place du pillory... à cource de cheval contre une planche y plantée à cet effect, où tous les poissonniers qui ont vendu du poisson pendant le caresme sont obligés d'assister et ensuitte comparoir aussy à cheval dans la cour du pallais épiscopal, ayant une petite gaule à la main et, au bout, un bouquet de fleurs printanières (primevères) à peine à ceux qui se trouvent défaillants lors de l'évocation qui en est faicte sur le Rolle que doibt représenter led. Commissaire de telle amande qu'il sera veu apartenir et pour estre aussy à la pluralité des voix nommé un autre Commissaire au lieu et place de celuy qui fut nommé l'an dernier ».

Après qu'il eut donné acte de cette communication, l'Alloué partit pour se rendre sur la place du Martray en compagnie de son Greffier, du Substitut du Procureur fiscal et de trois Sergents : Maîtres Allain Guillou, François Charpentier et Cardin Du Jardin.

Cette place du Pilori, aujourd'hui place de la Préfecture, un peu moins longue, plus large et de forme plus irrégulière, était bornée à l'Est, par la Cathédrale, l'hôtel de Trégomar ou de Carlan, transformé pendant la Révolution en hôtellerie, sous le nom d'Hôtel de la Patrie, puis acquis par la ville pour y installer sa Mairie et démoli, il y a quelques années seulement, pour faire place au nouvel Hôtel de Ville ; au Sud, par la maison Prud'homme dont la construction avait fait disparaître les deux petites places Oritel et Chamelou ; à l'Ouest, par l'hôtel de Quinqu'engrogne, alors aux Bréhand, qui, au siècle précédent et jusqu'à ces derniers jours, servit de demeure aux évêques de Saint-Brieuc, et le charmant manoir du XVe siècle, dit du Saint-Esprit, maintenant caché au fond d'une cour et dont on n'aperçoit plus que la pointe de sa tourelle, tous deux en retrait ; enfin, par le grand hôtel de la Grange, l'ancien Palais royal des Bourgeois dans lequel se tenaient les assemblées de la Communauté de Ville, en même temps qu'il servait d'Auditoire à la Cour royale, qui, au contraire, avançait en forte saillie sa longue façade et ne disparut que dans la première moitié du XIXe siècle pour être remplacée par la Préfecture.

Au Nord, séparé seulement de l'hôtel de la Grange par une petite ruelle large d'un mètre cinquante à peine, existait, en avant de l'alignement actuel, un îlot composé de deux petites maisons disposées suivant une ligne un peu courbe, prenant vue, tant sur la place dont elles diminuaient la longueur, que sur une petite rue étroite et sinueuse appelée rue de Pondichéry qui conduisait du Martrai à la rue du Four-Poher, ne laissant entre la Cathédrale qu'elles rejoignaient presque et elles-mêmes, pour faire communiquer le Martray avec la place du Pilory, qu'un espace très faible, encore rétréci, d'une part, par l'instrument de supplice redouté des criminels adossé à leur pignon, et de l'autre, par la croix élevée au pied de la tour Brieuc et du haut des marches de laquelle le crieur public faisait toutes les bannies.

Lorsque Maître Antoine Le Normant, entouré de toute sa suite, fit son entrée sur la place, il la trouva, vraisemblablement, remplie d'une foule aussi nombreuse qu'animée et bruyante de bourgeois et de manants venus pour jouir du spectacle qui leur était promis.

Les poissonniers étaient là, tous ou, du moins, presque tous, portant chacun à la main, comme un sceptre, la baguette garnie de primevères. Maître Noël Perrousseaux, pour lors Roi des poissonniers, orné de la bandoulière aux armes de l'évêque, s'avance vers l'Alloué pour lui présenter les six gaules (1) qui doivent faire office de lances. Maître Le Normant, après les avoir examinées, et avoir constaté qu'elles étaient « compé-

(1) C'était au seigneur du Boisboissel qu'incombait le devoir de fournir une gaule à chacun des poissonniers et six au Roi (aveu de 1690).

tentes » c'est-à-dire en bois d'aunes, bien droites, solides, de la longueur de quatre pieds, telles qu'elles doivent être pour le but auquel elles sont destinées, en choisit trois qu'il remet au Roi pour lui servir à courir la Quintaine. C'était un acte préliminaire très important et nous voyons un roi, ou plutôt un remplaçant, Denis Le Mouenne, agissant pour Mathurin Allain, condamné à 64 sols d'amende pour y avoir manqué.

Ainsi armé, Noël Perousseaux, jeune, vigoureux et adroit, prend le champ, part au galop et d'une main assurée, trois fois frappe la Quintaine et trois fois brise ses lances l'une après l'autre, sans avoir à s'y reprendre. C'était un succès, mais il n'en était pas toujours ainsi et beaucoup de spectateurs, tout en admirant et en applaudissant l'adresse du jouteur, auraient, peut-être, préféré un peu plus de péripéties pour les égayer. En effet, le cas de Noël Perousseaux était rare, car, dans les dix procès-verbaux que nous avons, il ne se retrouve qu'une fois. Dans tous les autres, il y a insuccès et, il faut bien le dire, cet insuccès semble provenir, le plus souvent, moins de l'incapacité que de la mauvaise volonté des coureurs eux-mêmes.

Soit qu'ils craignissent que le choc produit par la gaule pointée violemment contre la planche vînt déranger leur assiette trop peu ferme, soit qu'ils se sentissent incapables de diriger leur monture au galop, ils cherchaient tous les moyens pour éviter un accident et une chute, sinon dangereux, qui, du moins, les rendraient ridicules et les livreraient à la risée de la foule.

L'un ne peut se décider à quitter l'allure tranquille du pas ; les autres s'y reprennent à maintes fois sans arriver à toucher la planche et, lorsqu'ils y parviennent, c'est en frappant à plat, contrairement à l'ordonnance, qu'ils brisent leurs gaules, quelquefois même entamées au préalable.

Mais les officiers de l'évêque qui président à la joute, s'ils sont très indulgents lorsqu'il y a motif de l'être, se montrent, au contraire, d'une exigence rigide lorsqu'il s'agit de faire respecter par les vassaux le droit du seigneur et de l'exécution stricte de toutes les conditions du devoir que ceux-ci ont à remplir. Ils ne laissent rien passer ; aucune négligence n'est tolérée ; aucune mauvaise volonté ne reste impunie. Les amendes pleuvent et les malheureux rois s'aperçoivent, aux dépens de leur bourse, que leur couronne a ses épines, et que, si la royauté a quelques privilèges, elle a aussi ses responsabilités.

Olivier Rio, pour « avoir fait plusieurs courses, au nombre de neuff sans avoir peu casser aucunes gaules » est condamné à 3 livres 4 sols d'amende ; René Heurdel qui, « à petit pas de cheval seulement en a quassé deux et n'a peu quasser la troisième quoiqu'il ait taché et repris par trois fois de le faire », paiera 3 livres 4 sols ; à Maurice Guyomar, aussi pour n'avoir pu casser ses gaules, 3 livres 4 sols ; Denis Le Mouenne que nous venons de voir précédemment condamné à 3 livres 4 sols pour n'avoir pas présenté ses gaules à vérifier, aura encore à payer 3 autres livres 4 sols pour n'avoir pu en casser qu'une ; Etienne Le Saulnier qui, il est vrai, « a quassé ses trois gaules, mais en les appuyant de plat contre la planche quoique ce soit debout qu'il soit obligé de les casser » supportera la même amende, comme aussi Philippe Gaubert en 1705.

Avec la course de Noël Perousseaux qui n'avait pas duré longtemps, puisqu'elle n'avait point eu de péripéties, s'était terminée la première partie de la cérémonie, le devoir de Quintaine, mais tout n'était point fini ; il y avait encore à examiner la gestion du roi des poissonniers, les infractions au règlement commises tant par lui que par les autres marchands de poissons, enfin à procéder à l'élection du nouveau Roi. Cette seconde-partie se passait dans la cour du palais épiscopal.

Donc, aussitôt l'exploit de Noël Perousseaux accompli, le cortège des poissonniers fleuris, même ceux qui sont à pied, précédé de Maître Antoine Le Normand et de ses officiers, quitte la place, descend la rue Entre les Portes et fait son entrée dans la cour du manoir.

Ici, il ne s'agit plus de parader ; il s'agit de rendre des comptes pour l'exercice de l'année tout entière. Le moment sera pénible, sans doute, pour quelques-uns, car, pendant une période aussi longue, bien des peccadilles ont dû être commises et Maître Jan Jouannin, Fermier du revenu temporel du seigneur évêque, sera, vraisemblablement, là pour enregistrer les amendes que cela pourra leur coûter.

Le Greffier, Maître Jacques Le Mesle, tenant en mains la

liste ou rôle des poissonniers que lui a remis Noël Perousseaux, fait tout d'abord « l'appel et convocation ».

Après avoir constaté que tous étaient à cheval, comme ils le devaient, sauf Jean Heurdel, Laurent Bougeart, Allain Dessalles, Jean Marsouin et Olivier Desboys qui, « sans motifs valables ont fait deffault » et, pour cela sont condamnés à 3 livres d'amende chacun « à la réserve d'Allain Dessalles, (plus coupable que les autres, sans doute à cause de sa situation personnelle qui devait le faire nommer Roi huit ans plus tard, en 1698), qui a été condamné à six livres, » il passe à quelques autres qui ont commis une grave infraction au cérémonial. Yves Deninon, Mathurin Lebreton, Michel Massé, René Quehet, Olivier Deninon, Etienne Hervé, Alexis Le Mouenne, Anthoine Le Mouenne, Yves Quemar, Pierre Leuduger et Guillaume Trehen, soit que les primevères fussent encore rares en cette saison, soit, plutôt, qu'ils n'eussent pas voulu se donner la peine d'en chercher, avaient osé se présenter « sans bouquet au bout de leurs gaules ». Cette grave omission ou cette négligence leur coûta « à chacun trente sols », toutes ces amendes « payables par provision non obstant opposition et appellation quelconques ».

Enfin, sur la plainte du Maître d'hôtel de l'évêque, Mathurin Allain, pour « n'aporter son poisson à l'évesché ainsy qu'il y est obligé avant de l'exposer au marché, » en a pour 3 livres.

Il en était ainsi chaque année. En 1699, Pierre Riou et Morice Guiomar paient 3 livres pour s'être présentés à pied. L'année suivante, ce Morice Guiomar, récidiviste, encourt la même peine et Allain Des Salles, ancien roi, quoiqu'il eût pour excuse son grand âge et les infirmités constatées l'année précédente et qui l'empêchaient de monter à cheval, n'en subit pas moins, sans doute pour l'exemple, « pour n'avoir paru qu'à pied, tant sur la place du pilory que dans la cour du palais », une condamnation sévère de 6 livres.

D'autres ne se présentaient point à la réunion, tels ceux-ci dont nous donnons la liste, parce qu'elle nous fait connaître d'où provenaient les poissonniers qui alimentaient le marché de Saint-Brieuc.

« Ont laissé deffault : Jean Lebreton, de Pordic ; Jan Chaté, de Plérin ; Yves Chapelet, de Plérin ; Jacques Lesage et René

Botrel, de Morieux ; René Levesque, dit Creuzet, de Planguenoual ; René Urvoy, de Hillion ; Guillaume Le Moulnier, de Hillion ; Jan Rouault, dud. Hillion ; Pierre et Guillaume Bréhault et Pierre Dumoullin, d'Etables ; Julien Ruellan, de Planguenoual ; François Maroche, de Kérity et Martin Michel, de Plérin..., « pourquoy ils ont esté condamnés à trente sols d'amende. »

On peut remarquer que l'amende n'est que de la moitié de celle que nous avons vu infliger, en 1690, pour le même motif, eu égard, sans doute, aux difficultés que pouvait présenter pour la plupart un éloignement assez considérable, dans une saison peut-être mauvaise.

Tous les manquements aux règlements, toutes les infractions aux Ordonnances relevées, examinées et punies, on passait au dernier acte du programme de la journée, la nomination du Roy.

« Et sur la nomination faitte par lesd. poissonniers à la pluralité des voyes a été Guillaume Bresset, nommé et institué Commissaire (Roi) desdits poissonniers. »

Voilà ce que nous dit le procès-verbal de 1690, mais, de la façon dont on procédait pour l'élection, il ne nous apprend rien. D'autres procès-verbaux sont plus explicites.

Le vote n'avait point lieu au scrutin secret ; il n'y avait point d'urnes pour recueillir les suffrages. Le Greffier appelait les poissonniers dans l'ordre où ils se trouvaient inscrits au rôle, et chacun, obéissant à l'appel de son nom, proclamait celui du candidat qu'il avait choisi.

C'est ainsi que nous voyons la chose se passer en 1692. Après appel, Olivier Rio, Michel Macé, Olivier Le Saulnier et Laurent Burel votent pour Ollivier Michel : « pareille nomination est par Mathurin Lebreton, Maurice Guyomar, Denis Le Mouenne Noël Peroussaux, Ollivier Allain et Ollivier Doninon, d'Ollivier Michel. »

Alexis Le Mouenne et Jan Le Mouenne absents.

Jacques Beaumont et Mathurin Allain donnent aussi leurs voix à Olivier Michel.

Rolland Feuregart fait default.

Enfin Jacques Le Mouenne, Jan Juhel, Pierre Leuduger, fils Rolland, Pierre Leuduger, fils Bertrand, Pierre Le Saulnier, Guillaume Hervé, Olivier Tréhen, Guillaume Trémel, Yves Quemar et Allain Dessalles viennent aussi, chacun à leur tour, apporter leur voix à Olivier Michel.

En conséquence, Olivier Michel est proclamé Roi « à la pluralité des voix ». Nous pouvons même dire à l'unanimité, puisqu'aucun suffrage discordant n'est allé s'égarer sur un autre nom.

Du reste, cette unanimité n'est point exceptionnelle ; elle semble, au contraire, la règle. Dans les dix procès-verbaux que nous connaissons, nous ne trouvons aucune trace de lutte. Il n'y a jamais qu'un candidat qui remporte tous les suffrages. Il est vraisemblable qu'une entente préalable se faisait entre les poissonniers et, peut-être, les officiers de l'évêque, et que la cérémonie du lundi de Pâques n'était que la consécration d'un choix précédemment décidé.

Une autre remarque à faire, c'est que, chaque année, c'est un Roi nouveau qui est nommé. Il paraîtrait ainsi que le mandat donné au Roi pour un an ne pouvait être renouvelé, quelque méritant que fût le titulaire, du moins immédiatement. Donc, Guillaume Bresset bien et duement désigné par ses confrères pour l'année 1690, est institué Commissaire ou Roi par Maître Antoine Le Normand, l'Alloué, qui lui « enioint de se bien et fidèlement comporter en lad. charge et d'observer les Ordonnances de police de ce siège, ce qu'il a promis par le serment qu'il a présentement presté, la main levée au préalable. »

Il ne restait plus qu'à lui remettre les insignes de sa royauté, ce que fit Noël Perousseaux, l'ancien roi, en enlevant de ses épaules la bandoulière armoyée aux armes de l'évêque qu'il avait portée pendant un an, pour la passer au cou de son successeur.

Quelles étaient les fonctions du Roi des poissonniers ? L'aveu de 1690 ne nous en dit qu'un mot : « Le Roy des poissonniers taxe le prix du poisson et, pour son salaire, prend un double par chaque pannier de poisson et ne peuvent les poissonniers et marchands en vendre ny débiter sans son exprès consentement, lequel est obligé de leur donner (1). »

(1) Aveu de 1690, art. 33.

D'autre part, il jurait, le jour de son élection, de « se bien et fidèlement comporter dans sa charge, et d'observer les Ordonnances de police. »

De ces règlements ou ordonnances, nous n'avons pas celui de 1578 dont nous avons relevé précédemment tout ce qu'il contient relativement aux poissonniers. Quant à ceux qui ont pu concerner plus spécialement notre sujet, nous n'en avons point trouvé et ne pouvons en connaître la substance qu'en nous reportant à l'Aveu de 1690 et aux divers renseignements assez rares que l'on peut rencontrer, tantôt d'un côté, tantôt de l'autre. Nous savons toutefois qu'ils étaient rédigés dans l'intérêt général et qu'ils avaient pour but de codifier, si l'on peut s'exprimer ainsi, les droits et les devoirs de l'évêque, comme aussi ceux des habitants.

Si l'évêque avait, comme seigneur, des droits sur ses vassaux, il avait aussi des devoirs envers eux. Si l'évêque avait le droit de demander aux poissonniers qu'ils lui rendissent des devoirs, soit de simple hommage, comme celui de quintaine et de choix du poisson avant tous autres, soit pécuniaires, comme les droits de place au Martray, il leur devait, en échange, le droit exclusif d'étaler leur marchandise sur le marché dont l'accès était interdit à tout étranger; et garantissait ainsi aux habitants la certitude d'un bon approvisionnement.

C'étaient ces ordonnances dont le Roi avait mission de surveiller l'application loyale.

Quoique nommé par ses confrères, le Roi des poissonniers était, tout d'abord, l'homme de l'évêque auquel il prêtait serment ; il devait faire en sorte que les droits de son seigneur ne subissent aucun dommage, ni de son fait, ni de celui des poissonniers, mais il ne devait point oublier, non plus, les camarades qui l'avaient élu et avaient mis en lui leur confiance, pas plus que les habitants qui leur faisaient gagner leur vie, et, lorsqu'il usait de son droit si important de fixer le prix du poisson pour qu'il ne fût pas « exhorbitant » pour les acheteurs, il devait faire en sorte qu'il donnât aux vendeurs une rémunération suffisante de leurs fatigues et de leurs dangers.

Il devait se préoccuper d'assurer le privilège de ses commettants et empêcher avec soin les étrangers de venir leur faire concurrence, en allant offrir leur poisson de maison en maison. Contre les délinquants, il s'adressait au juge de police auquel il portait ses plaintes. Sans doute, y avait-il encore, comme de nos jours, des ordonnances réglementant la pêche et la façon de la pratiquer, dont il avait à surveiller la stricte application.

Ainsi qu'on le voit, les fonctions du Roi des poissonniers n'étaient point une sinécure, et, en outre, si elles lui valaient une rémunération et certains honneurs, elles faisaient courir à un titulaire incapable certains risques dont les suites pouvaient être fort désagréables pour lui.

Nous avons déjà vu précédemment plusieurs rois subissant des amendes pour manquement aux règles de la Quintaine, mais ce n'étaient pas les seules auxquelles ils étaient exposés. Les rois avaient à concilier trop d'intérêts divers et souvent contraires pour ne pas en froisser quelques-uns et se faire des ennemis qui, peu patients, portaient plainte et, joignez à cela quelques moments d'oubli ou de négligence, il n'était pas difficile, si on le désirait, de trouver des griefs qui pouvaient entraîner des condamnations.

Cependant le cas était rare. De 1689 à 1706, nous ne le voyons se produire qu'une seule fois. En 1700, un certain Jean Heurdel, homme négligent ou incapable et de mauvais caractère, qui, chaque année est en faute, ne présente pas de baguettes « compétentes », ne casse que deux gaules, et furieux d'être puni pour cela de deux amendes de 3 livres 4 sols, fait preuve de grossièreté et d'inconvenance envers l'Alloué en conduisant les poissonniers dans la cour du palais épiscopal sans se donner la peine de l'attendre ; enfin, de l'aveu même de ses camarades, a manqué à toutes ses obligations pour « n'avoir pas donné un rôle fidèle des poissonniers et n'avoir pas faict son debvoir pendant l'année et le caresme dernier à la fixation du prix du poisson », est condamné à payer en outre des amendes précédentes, la somme, assez considérable pour l'époque et pour sa position, de 10 livres.

En résumé, le devoir de Quintaine qui n'était qu'un devoir honorifique rendu au Seigneur évêque, finissait, par suite de la négligence ou de la mauvaise volonté de certains des assujettis, par devenir onéreux et être pour celui-ci une source, bien minime il est vrai, de son revenu.

Nous finissons en donnant une liste bien courte des Rois. En voici vingt-et-un, dont les noms nous sont parvenus, qui semblent tous, sauf Pierre Courcoul, Ollivier Michel et Allain Dessalles, étrangers à la ville.

Silvestre Le Texier, Roi en 1582,

Pierre Courcoul, — 15 avril 1583 (1), époux de Jacquette Le Charpentier, dont il eut au moins un fils, Yves, baptisé le 21 juin 1695 (2).

Henri Bedan, — 1607-1608,

Noël Perousseaux, — 1689,

Guillaume Bresset, — 1690, probablement de Ploufragan, marié le 27 septembre 1687, à Saint-Brieuc, à Julienne Michel.

Olivier Rio, — 1691,

Olivier Michel, — 1692, fils de Hervé et Julienne Le Breton, né le 22 décembre 1648,

François Doméon ou Doninon.

Allain Des Salles, nommé Roi le 31 mars 1698, ne semble pas né à Saint-Brieuc, mais y vint en 1651 épouser, le 7 janvier, Jacquette Nicolas, fille de François et Catherine Plessix dont il eut jusqu'en 1672, huit enfants. En 1698, à l'époque où il fut élu roi, il devait avoir bien près de quatre-vingts ans, ce qui explique la nécessité où il se trouvait de demander un coadjuteur. Il était riche, car il possédait au bas de la rue Quinquaine, une maison et un emplacement de maison dans l'ancien Jeu de paume, arrentés à l'évêque, la première d'une livre de poivre et le second de 3 sols. C'est sur cet emplacement qu'il se fit construire un hôtel, démoli il y a quelques années et remplacé par le N° 5, au-dessus de la porte duquel il fit inscrire « faict bastir par Allain Dessalles et Gicquette Nicolas, sa femme ».

Ce n'était certainement point un simple pêcheur, mais

(1) Evêchés de Bretagne par MM. de Geslin et de Barthelemy, T. I, page 99, note.

(2) Registres paroissiaux de Saint-Michel de Saint-Brieuc.

plutôt un petit armateur ayant plusieurs bateaux de pêche à son compte et faisant le commerce de poisson en gros, qu'on avait choisi, malgré son âge avancé, pour son mérite et son intelligence.

Jean Heurdel, Roi en 1699,
Morice Guiomar, — 1700, (de Pordic ?)
Mathurin Allain, — 1701, (de Plérin ?)
Olivier Doninon, — 1702,
Etienne Le Saulnier, — 1703,
Philippe Gaubert, — 1704,
François Lebreton, — 1705, (de Pordic ?)
Jean Quéhet, — 1728,
Olivier Guego, nommé le 18 avril 1729-1730,
François Lebreton, 10 avril 1730-1731, probablement pour la deuxième fois.
Yvon Gaubert, — 1736,
Yves Perouseaux, fils Noël, 14 avril 1737-1738 (1).

(1) Arch. Départementales des C.-d.-N., S[ie] G, ancien Cote A 758.

7-08. Saint-Brieuc. — Imp. René Prud'homme.

www.ingramcontent.com/pod-product-compliance
Ingram Content Group UK Ltd.
Pitfield, Milton Keynes, MK11 3LW, UK
UKHW021209230726
13926UKWH00001B/406